2권 믿음의 기초

전인성숙을 위한 제자훈련시리즈 2
믿음의 기초

발행 | 김선경
저자 | 심수명
기획 및 교정 | 유근준
초판 인쇄일 | 2006. 5. 3.
2판 1쇄 | 2008. 3. 2.
3판 1쇄 | 2017. 12. 28
발행처 | 도서출판 다세움
서울시 강서구 수명로 2길 88
Tel. 02-2601-7423~4
Home Page : www.daseum.org
총판 | 비전북
경기도 고양시 일산구 장항동 568-17
Tel. 031-907-3927
Fax. 031-905-3927

정가 5,000원

ⓒ 도서출판 다세움
ISBN   978-89-92750-39-4

목 차

시작하는 글 · 4

1 하나님과 나 · 7
2 하나님의 은혜 · 23
3 예수 그리스도와 나 · · · · · · · · · · · · · · · · · 37
4 십자가와 부활 · 49
5 성령 하나님과 나 · · · · · · · · · · · · · · · · · · 61
6 증거 - 복음전도 · · · · · · · · · · · · · · · · · · · 73

부록 : 과제물 점검표 · · · · · · · · · · · · · · · · · 87

시작하는 글

　성경신학자 우찌무라 간조는 기독교 신앙이란 무엇인지 그의 삶을 통해 보여준 학자로 평가되고 있습니다. 도쿄 제일고등학교 교사로 재직하던 1891년, 그는 천황이 서명한 교육칙령을 읽는 행사에서 머리를 깊이 숙이지 않은 죄로 면직되었습니다. 그 후 6평짜리 다다미방에서 성서연구회를 조직하고 청년들을 모아 성경을 가르치는데 전념했습니다. 그의 꿈은 성경대로 살아가기를 원하는, 위대한 평신도를 키우는 것이었습니다. 그의 꿈대로 제자 중에서 야나이하라 다다오 도쿄대 총장, 오호히라 일본수상 같은 지도급 인사들이 배출되었습니다. 그리고 김교신, 송두용, 함석헌, 유영모, 안창호와 같은 조선의 기독교 민족주의자들에게도 큰 영향을 끼쳤습니다. 우찌무라 간조가 하나님의 말씀으로 길러낸 청년들은 후일 각계각층의 지도자로 활약하였습니다. 마치 사도 바울이 자신의 생애 마지막을 셋집에서 말씀을 가르침으로 로마황실에 복음을 전파하는 누룩이 되었듯이, 그가 6평짜리 다다미방에서 가르친 말씀의 힘이 세상을 새롭게 하는데 일익을 감당한 것입니다.

　그가 위대한 믿음의 사람들을 만들어 낼 수 있었던 것은 철저하게 말씀 중심, 믿음 중심의 신앙과 실천하는 삶으로 제자들을 교육했기 때문이었습니다.

　인간은 하나님의 형상으로 창조되었으므로 본성적으로 신적인 존엄성을 가지고 태어납니다. 이러한 존엄성으로 인해 인간은 무조건적인 사랑과 특별한 인정을 받고 싶어하는 독특성이 있습니다. 뿐만 아니라 예수 그리스도의 구속을 통해 하나님의 자녀라는 영원한 가치를 지닌 존재로서 존경받고 싶은 욕구가 있습니다.

그러나 타락된 아담의 후손이기에 전적으로 부패한 존재이기도 합니다. 그래서 비천함, 추함, 악함, 일탈을 가지기도 하면서 마귀에게 아부하며 충성을 맹세하기도 합니다. 이처럼 인간은 하나님의 숨결인 동시에 땅의 티끌이며, 하나님의 형상을 지니고 있으면서 동시에 짐승 같은 야수성을 지니고 있고, 고상하며 또한 비열하기도 합니다.

우리는 지속적으로 하나님의 은혜를 바라볼 뿐 아니라 우리 안에 있는 모든 악들을 가차없이 부인하는 법을 배워야 합니다. 우리가 날마다 아담으로 인해 물려받은 죄성을 부인하고 그리스도로 인해 새로워질 때 삶의 극치감을 맛보게 됩니다. 더 나아가 우리는 삶의 궁극적인 역설, 곧 하나님과 이웃을 사랑하기 위해 자신을 잃어버릴 때 새로운 자신을 발견하게 된다는 진리에 이르게 됩니다(막 8:35).

이 모든 것은 우리를 자녀 삼으시고 불가항력적인 힘으로 이끄시는 하나님의 은혜 때문입니다. 따라서 믿음의 본질은, 우리의 믿음이 하나님의 선물이며 은혜라는 사실을 믿는 것입니다. 진정한 믿음은 전능하신 하나님이 나를 사랑하시며 강권적으로 나와 함께 계시기 때문에 내가 그분을 신뢰하든 신뢰하지 못하든간에 태산 같은 든든함으로 나를 붙드실 것을 믿는 것입니다. 즉 믿음을 내 안에서 찾는 것이 아니라 하나님 안에서 찾는 것이 믿음의 기초입니다.

이런 점에서 '제자 훈련 시리즈 2-믿음의 기초'는 하나님, 예수님, 성령님, 십자가에 초점을 두었습니다. 그리고 그 은혜가 내 안에서만 머물지 아니하고 다른 사람에게 전해지도록 복음 증거로 마무리를 하였습니다.

그리스도인들이 올바른 믿음의 초석 위에 세워져서 온전한 그리스도의 제자가 많아지기를 기도하면서, 이제 믿음의 기반이 견고해지는 걸음을 내딛어 봅시다.

예수님의 제자
심 수 명

1과
하나님과 나

하나님과 나

● **전체 개요**

하나님이 어떤 분이신지 배우고 그 크신 사랑을 깨달으며 나아가 하나님과 나와의 관계를 점검하게 합니다.

● **내용 구성**

❶ 하나님과 우리의 시간

하나님이 창조주이심과 우리가 피조물됨을 생각해보고 하나님에 대한 우리의 태도를 살펴봅시다.

❷ 하나님 안에서의 자유의지

하나님이 우리에게 허락하신 자유의지가 무엇인지 살펴보고 자유의지를 가진 우리가 하나님을 어떻게 대해야 할지를 배웁니다.

❸ 하나님으로부터 떠난 나

하나님의 인간 창조와 타락의 과정, 그리고 회복의 원리를 배우게 됩니다.

❹ 하나님의 속성

하나님의 속성 중 공유적 속성과 비공유적 속성을 살펴보고 하나님을 바르게 이해하도록 합니다.

❺ 하나님과 나와의 관계

세상을 바라보면 비관주의자가 되고 하나님을 바라보면 낙관주의자가 되는 것이 무엇인지 이해하도록 합니다.

하나님과 나

죄인 된 인간이 거룩하신 하나님을 가슴 깊이 아는 것만큼 자랑스러운 것이 또 있을까요? 그분을 아는 것은 최고의 지식이요, 인간을 인간답게 만드는 가장 존귀한 길입니다. 이 점에 대해 스펄전 목사는 다음과 같은 말을 하였습니다.

"하나님의 자녀가 관심을 가질 수 있는 것 중에 가장 차원 높은 과학이자, 가장 위엄있는 철학은 그가 아버지라 부르는 위대한 하나님의 본질과 인격과 사역과 행하심과 존재하심에 대해 연구하는 것입니다. 우리가 이 하나님을 깊이 묵상할수록 삶이 고귀해지고 흔들리지 않는 확신이 있게 됩니다. 그것은 하나님 자신이 너무 광대한 주제이기 때문에 우리의 모든 생각들이 그 엄청남 속에서 길을 잃어버리게 되고, 그 주제가 너무나 깊은 것이기 때문에 우리의 지식이 그 무한함 속에 묻혀 버리게 됩니다. 여러분 자신을 하나님이란 깊은 바다에 빠뜨려 보십시오. 그의 무한하심 속에 잠겨보십시오. 그러면 여러분은 휴식의 침상에서 원기를 되찾고 다시 힘이 넘쳐서 일어나게 될 것입니다."

📝 서문을 읽고 어떤 생각이 드나요? 당신은 이런 은혜를 누리고 있는지요?

1. 하나님과 우리의 시간

성경의 첫 장 첫 줄에는 하나님에 관한 선언이 나와 있습니다. 성경은 하나님을 논증하지 않고 선언합니다. 창세기 1장 1절에서는 "태초에 하나님이 천지를 창조하시니라"고 분명히 선언하고 있습니다.

창세기는 '태초에'로 시작됩니다. 그렇게 시작된 성경은 요한계시록에서 "나(하나님)는 알파요 오메가니, 시작이요 또 끝이라"고 말씀하심으로 끝을 맺습니다. 창세기와 요한계시록의 말씀을 살펴보면, 성경은 또 다른 차원의 시간을 이야기하고 있습니다.

우주의 시계(時計)는 '태초'에 시작되었고, 인간의 시계는 아담의 창조와 함께 시작되었습니다. 시간에 대해서 매우 놀랄만한 과학적 기술이 창세기뿐 아니라 사도 바울의 서신들에서도 발견됩니다(고전2:7, 엡1:4, 딤후1:9). NIV 번역에서는 "시간이 시작되기 이전에, 혹은 이 세상이 창조되기 이전에(엡 1:4)" 등의 표현으로 두 개의 서로 다른 시간에 대한 경이로운 표현을 하고 있습니다.

이처럼 성경은 하나님의 지혜로 쓰여진 것으로서 우리가 아무리 뛰어난 지성을 사용한다 해도 이해할 수 없는 내용들이 가득합니다. 성경은 계시된 진리의 책입니다. 따라서 인간의 지성과 힘으로는 하나님의 뜻을 다 이해할 수 없습니다. 그러므로 우리가 이해할 수 없다고 해서 진리를 오해하는 과오를 범치 않도록 조심해야 할 것입니다. 하나님의 계시는 베일 뒤에 감추어져 있어서, 하나님이 성령의 감동으로 베일을 열어주지 않는 한, 인간은 그 진정한 의미를 알 수 없는 것입니다.

1) 위의 글을 읽고 얻은 깨달음은 무엇인가요?

2) 우리가 하나님이 어떠한 분임을 알 때 마땅히 가져야 할 태도는 무엇인지 살펴봅시다.

📖 신명기 10:12-13 12)

3) 성경은 하나님에 대해 다음과 같이 말하고 있습니다. 말씀에 비추어 본 하나님은 어떤 분이십니까?

📖 사도행전 17:24-27

2. 하나님 안에서의 자유 의지

　성경에는 분명히 하나님께서 창세 전에 인간을 기쁘신 뜻대로 예정하사 자기의 아들들이 되게 하셨다고 증거합니다. 그런데도 인간은 하나님의 뜻대로 살아가기보다 자신의 뜻대로 살아가고 싶어합니다. 이것이 바로 인간의 자유의지입니다. 모든 일이 하나님의 영원한 작정과 예정에 의해 진행된다고 가르치는 성경적 교훈과, 현실적으로 자기의 결단과 뜻대로 살아가는 자기신념과의 충돌을 어떻게 극복할 수 있을까요?

모든 타락한 인간은 영적으로 죽어버렸고 타락한 이성은 자신이 어둠의 권세, 즉 사단의 조종 아래 있음을 깨닫지 못하게 합니다. 어둠의 권세가 인간의 의식 속에 집어넣어 주는 가장 두드러진 거짓된 신념은, 인간이 자기 뜻대로 하나님처럼 살아갈 수 있다는 자주(自主)정신입니다. 인간은 이 그럴듯한 말에 속고 있습니다. 이런 의미에서 인간은 자기 욕망이나 사단의 꼭두각시로 살아갑니다. 그러면서도 자신은 주체적으로 살아가고 있다고 착각합니다. 칼빈은 이런 모습을 가리켜 사단 권세에 매여 있는 '노예 의지' 라고 명명했습니다.

온 우주에 하나님의 주권적 의지와 다르게 움직이는 존재가 있나요? 참새 한 마리도 하나님의 허락 없이는 떨어지지 아니하며 하나님께서는 우리의 머리카락 수까지도 모두 헤아리고 계십니다(마10:29-31). 사단마저도 하나님의 뜻을 이루어 가는데 필요한 존재일 뿐입니다. 많은 사람들이 오해하는 대로 사단이 하나님의 경륜과 뜻을 방해하는 줄로 생각하는 것은 잘못된 착각이며 성경이 말하는 세계관과는 아주 거리가 먼 이야기입니다. 사단의 의지 역시 궁극적으로 하나님의 절대의지에 종속 되어 있습니다. 욥기서가 이를 잘 증명해 주고 있습니다. 욥기서에 나타난 사단은 하나님의 허락에 의해 욥을 연단합니다.

자유라는 말을 엄격히 정의하면 '스스로 말미암는다는 것' 입니다. 이는 스스로 계시는 하나님께만 귀속될 수 있는 절대 언어입니다. 피조물인 인간은 하나님께 매여 있든지, 아니면 하나님의 섭리 영역 내에 있는 사단에게 매여 있든지, 둘 중에 하나일 뿐입니다.

성경에서 말하는 '죄에서의 자유' 라는 말은 사단에게 매여 있다가 하나님의 직접 통치 속으로 들어가는 것을 의미합니다. 하나님에게 붙들린 종의 상태, 이것이 가장 행복하고 자유스런 인생의 참된 모습입니다. 따라서 인간에게는 절대적 자유의지가 없습니다.

모든 것은 하나님의 결정 속에 있습니다. 타락 상태에서는 사단에게 매여 있을 수 밖에 없습니다. 그러나 이제는 성령의 강권적인 은혜로 인하여 하나님의 자녀가 되는 자유로운 상태가 되었습니다. 하나님에게만 절대적 자유의지가 있습니다. 그래서 역사는 하나님의 의지대로 직선적으로 하나님의 정하신 때를 따라 어김없이 진행됩니다.

1) 하나님 안에서의 자유의지란 무엇을 의미하는지 위의 글을 통해 정리해보시고 다음 성경말씀을 통해 확인해 보세요.

📖 시편 139:9-10

2) 하나님이 누구신가를 바로 아는 사람이 해야 할 일은 무엇인가요?

📖 역대상 29:13

3. 하나님으로부터 떠난 나

하나님께서 사람을 창조하셨을 때 동물과 다르게 하나님의 형상에 따라 창조하셨습니다. 이는 우리가 하나님과 교제할 수 있도록 창조되었고, 하나님의 인격을 본받아 창조되었음을 의미합니다. 따라서 사람의 지식, 감정, 의지도 하나님을 닮았음을 알 수 있습니다(창 2:7, 창 1:26).

하나님께서는 사람을 창조한 후 심히 만족해 하셨으며 말할 수 없는 축복을 주셨습니다. 사람은 그런 축복 가운데서 하나님의 형상을 지닌 자손을 낳고 자연 환경을 관리하며("하나님이 그들에게 복을 주시며 그들에게 이르시되 생육하고 번성하여 땅에 충만하라, 땅을 정복하라, 바다의 고기와 공중의 새와 땅에 움직이는 모든 생물을 다스리라 하시니라") 모든 생명체들을 잘 돌보라는 지시를 받았습니다. 그러나 이 모든 것을 완전히 뒤엎어 버리는 사건이 일어났습니다. 즉 사람이 하나님 앞에 범죄함으로써 이 모든 특권을 잃어버리게 된 것입니다.

1) 위의 글을 읽고 어떤 깨달음이 있는지요?

2) 하나님께서는 사람을 어떻게 창조하셨습니까?

　　📖 창세기1:26

3) 하나님의 형상이란 무엇입니까?

　　📖 에베소서 4:24

　　📖 골로새서 3:10

4) 인간의 타락 사건을 창세기 3장 1-8절을 통해 살펴보십시오.

📖 창세기 3:1-8

✍ 뱀이 여자에게 어떻게 접근하고 있는지 살펴보십시오. (1, 4, 5절)

✍ 선악과를 따먹기 전 하와는 어떤 생각을 했나요? (6절)

📝 선악과를 먹은 후에 어떤 일이 발생했는지 살펴보십시오. (7, 8절)

📝 당신은 살면서 이런 유혹을 받은 적은 없었는지 살펴보고 마귀가 유혹하는 방법을 보면서 깨달아진 것이 있다면 무엇인지요?

5) 로마서 3장 9-18절 말씀을 통하여 인간이 어느 정도 타락하였는지 살펴봅시다.

📖 로마서 3:9-18

6) 인간의 타락에 대하여 하나님께서 제시해 주신 길은 무엇인가요?

📖 사도행전16:30-31

4. 하나님의 속성

소요리문답[1] 4문에서는 "하나님은 신이신데 그의 존재하심과 지혜와 권능과 거룩하심과 공의와 인자하심과 진실하심이 무한하시며 무궁하시며 불변하시다."라고 기록하고 있습니다. 성경에 나타난 하나님의 속성을 살펴봅시다.

① 영이심
📖 요한복음 4:24

② 무한하심
📖 시편 145:3

---

[1] 소요리문답은 17세기부터 지금까지 350년간 세계의 모든 장로교회가 교리 표준으로, 자녀교육의 지침서로 삼아온 107문답서로 된 기독교의 중요 교리서입니다. 소요리문답은 웨스트민스터 신앙고백 및 대요리문답과 함께 1647년에 작성된 것으로 성경을 체계적으로 요약한 '성경골자의 요약', '칼빈주의 교리의 완숙한 표현', '개혁주의 신학의 집약'이라는 평가를 받고 있습니다.

📖 예레미야 23:24

③ 영원하심
📖 욥기 36:26

📖 시편 90:2

④ 불변하심
📖 시편 102:27

📖 야고보서 1:17

⑤ 지혜로우심
📖 욥기 12:13

📖 히브리서 4:13

⑥ 능력이 있으심

📖 창세기 18:14

📖 예레미야 32:17

⑦ 거룩하심

📖 출애굽기 15:11

📖 이사야 6:3

⑧ 의로우심

📖 시편 145:17

📖 시편 7:11

⑨ 선하심

📖 시편 106:1

📖 출애굽기 34:6

⑩ 진실하심

📖 시편 36:5

1) 하나님의 속성 중 하나님만이 가지고 계신 것이 있고 인간에게도 허락하신 것이 있는데 그것이 무엇인지 확인해 보세요.

2) 하나님의 속성을 보며 당신은 어떤 마음이 드시는지요? 그리고 위와 같은 속성을 가진 하나님을 우리가 알 수 있는 방법은 무엇입니까?

📖 히브리서 11:6

3) 당신은 하나님을 만유의 주인으로 섬기고 있습니까?

📖 역대상 29:16-17

5. 하나님과 나와의 관계

어거스틴이 이런 말을 했습니다. "세상을 바라보면 비관주의자가 되고 하늘과 하나님을 바라보면 낙관주의자가 된다." 예일 대학교의 펠리칸 교수도 같은 말을 했습니다. "기독교의 핵심은 사람에 대한 비관주의와 하나님에 대한 낙관주의입니다."

위 글을 읽고 어떠한 생각이 드십니까?

1) 하나님의 은혜와 사랑만이 우리의 유일한 소망입니다. 당신은 하나님 때문에 어떤 상황 가운데서라도 이러한 소망을 가질 수 있겠습니까?

2) 예수님은 모세의 교훈을 두 가지 내용으로 요약해서 가르치셨습니다. 하나는 마음의 태도요, 다른 하나는 행동에 대한 것입니다. 그 두 가지가 무엇인지 찾아봅시다.

📖 마가복음 12:29-31

📖 요한복음 14:21

6. 본 과를 통해서 배우고 느낀 것은 무엇입니까?

2과
하나님의 은혜

하나님의 은혜

● 전체 개요

하나님의 크신 은혜를 직접 체험하기를 갈망함으로 그 은혜를 느껴보고, 은혜입은 자로서 어떻게 살아야 할지 배우게 됩니다.

● 내용 구성

❶ 크신 하나님의 은혜

우리가 어떤 상태에 있을지라도 하나님의 은혜는 우리의 모든 허물을 덮고도 남습니다. 그리스도인에게 은혜는 신학적인 의미를 뛰어넘습니다. 이러한 은혜를 은혜되게 하는 것이 믿음이며 우리는 이 믿음으로 말미암아 하나님 앞에 나아감을 알게 합니다.

❷ 하나님의 마음

우리가 자신의 모습에 대해 실망하고 불평하며 좌절할 때에도 하나님께서는 언제나 동일한 마음으로 우리를 사랑하시며 용납하십니다. 이러한 사실과 경험을 함께 나누며 우리의 죄를 용서하시는 은혜의 하나님을 배우고 적용하도록 돕습니다.

❸ 새로운 혼인 관계

우리는 이제 은혜이신 하나님과 새로운 혼인 관계를 맺은 신부와도 같습니다. 우리는 하나님의 신부로서 자기 일에서 자유함을 누리며 율법의 구속 때문이 아니라 사랑과 은혜에 대해 순종하는 자로 살게 합니다.

❹ 하나님의 은혜에 대한 나의 반응

크신 하나님의 은혜를 알게 되었다면 더 큰 은혜 속에 거하고 싶습니다. 은혜 입은 자로서 하나님을 더 알게 될 때 하나님을 더 사랑하게 되며 그 사랑을 더 누리게 됩니다.

❺ 의무에서 기쁨으로

율법이 사람을 변화시키지 못합니다. 사람을 변화시킬 수 있는 것은 사랑밖에 없습니다. 사단의 세력에 대항하는 무기는 말씀이지만 말씀에 힘을 불어넣는 것은 하나님을 향한 우리의 사랑입니다.

하나님의 은혜

나 같은 죄인 살리신
주 은혜 놀라와
잃었던 생명 찾았고
광명을 얻었네

존 뉴우톤은 태어나면서부터 여섯 살 때까지 신실한 어머니 엘리자베스에게서 하나님에 대해 가르침을 받았습니다. 그러나 존의 어머니는 존이 여섯 살 때 하나님 품에 안겼습니다. 그 이후 열한 살이 되었을 때 존은 아버지를 따라 뱃사람이 되었습니다. 존은 뱃사람의 방탕한 삶을 배웠고, 나중에는 그들보다 더 잔인해졌습니다. 그는 노예선의 사슬로 매여져 있는 흑인 여자들을 닥치는 대로 강간하였습니다. 그가 자기의 쾌락을 위해 흑인 여자들과 함께 하는 동안에, 사단은 존을 파괴시키려고 온갖 유혹으로 그를 충동질 하였습니다.

스물한 살의 어느 날 저녁, 존은 토마스 아 켐피스가 쓴 '그리스도를 본받아' 라는 책을 줍게 되었고 거기에서 다음과 같은 글을 읽게 되었습니다.

"인생은 짧고 불확실한 일들의 연속이다… 오늘 인간은 활기차다… 그러나 내일 그는 베어지고 말라 비틀어지고 사라진다."

그가 아무리 이 말을 떨쳐버리려 애써도 이 말은 그를 떠나지 않았습니다.

그날 밤 사나운 폭풍우가 몰아닥쳤습니다. 존은 한 선원이 죽으면서 비명을 지르는 것을 들었습니다. 어둠 속에서 "배가 가라앉고 있다!" 라고 외치는 소리가 났습니다. 존은 다른 선원들과 함께 살아남기 위해 펌프질을 하고 물이 새는 것을 막았습니다.

더 이상은 어떻게 할 수 없다는 것을 알고 절망하게 된 존은 죽음을 생각하면서 "이것으로 안 된다면, 하나님께서 우리에게 자비를 베푸실 것이다…" 라고 중얼거렸습니다. 그때 그는 자기가 한 말을 생각해 보면서 스스로 소스라치게 놀랐습니다. 그에게 의지할 것이 아무것도 없을 때, 그는 하나님을 인정하고 있었고 그분의 자비를 구하고 있었던 것입니다.

죽음의 폭풍우가 몰아닥친 그 다음 날, 아무것도 하지 못하고 자신의 죄와 하나님의 심판을 생각하며 무거운 마음으로 서 있었습니다. 그는 자기 같이 극악한 죄인도 하나님의 자비를 입을 수 있는지에 대해 깊이 고민했습니다.

그가 영국에 들어갔을 때, 그에게는 행복감도, 기쁨도 없었습니다. 그는 자기가 하나님의 은혜의 계획 속에 들어가기에 합당한 것인가를 이해하기 위해 애쓰며 씨름하고 있었습니다. 그때 그에게 하나님께서 자신을 붙드셨다는 확신이 찾아왔습니다.

"나는 하나님께서 나를 선택하셔서 은혜를 주실 아무런 이유가 없다고 봅니다… 그러나 하나님께서는 능치 못할 일이 아무것도 없고 하나님의 결정과 무조건적인 은혜로 나를 구원하셨기에 그저 감사드립니다."

이처럼 은혜의 길로 가기 위해 당신에게 먼저 심판이 선고되는 것입니다. 즉 율법과 심판의 진리가 먼저 우리에게 다가옵니다. 그것은 우리가 하나님의 은혜가 필요한 죄인이며 우리의 상태가 구제 불능의 절망인 것을 보여 주는 것입니다. 그러므로 '하나님의 은혜가 은혜되기 위해' 율법은 꼭 필요합니다.

서문을 읽고 어떤 느낌이 드십니까? 죄와 절망, 혹은 깊은 좌절이 있어도 근심할 필요가 없는 이유는 무엇 때문입니까?

1. 크신 하나님의 은혜

인생은 범죄와 악을 행하는 것이 본성이기에 모든 죄와 허물을 용서하고도 남음이 있는 하나님의 사랑이 절대적으로 필요합니다. 당신이 그 어떤 상태에 있을지라도 하나님은 당신을 찾아갈 것이며 이미 당신 속에 거하십니다. 이런 하나님의 은혜가 없다면 인생은 저주와 죽음, 절망의 지배를 받으며 영원한 심판 속에 거할 것입니다. 왜냐하면 우리는 죄악 중에 출생하였으며 죄 중에 잉태하였기 때문입니다(시 51:5).

인생은 죄인입니다. 죄를 지어서 죄인이 아니라 죄인으로 태어났기 때문에 죄인입니다. 본성적으로 타락한 인생이 죄를 범하는 것은 자연스러운 것입니다. 그래서 인생은 점점 이기적이 되고 자기중심적으로 인격이 왜곡됩니다. 그러므로 내가 살기 위해 타인을 죽이는 악을 범하게 됩니다. 여기에 잔인함과 살인, 저주와 온갖 타락이 있습니다. 이것이 인생의 현주소입니다. 그러나 하나님의 용서와 사랑은 끝이 없습니다.

당신이 실패하고, 죄에 빠지며, 약하거나 아플 때라도, 그리고 혼란스럽고 고통스러우며 인생이 절망적일 때라도 하나님은 당신을 품어주시고 사랑하기에 넉넉하신 분이십니다. 사실, 이러한 하나님의 은혜는 우리로서는 너무나 놀랍고 신비스러워 상상도 할 수 없는 것입니다.

그리스도인에게 있어서 은혜는 신학적인 용어 이상의 것입니다. 은혜는 생활의 개념입니다. 그리스도인이 되는 것도 은혜로 되고, 그리스도인으로서의 삶을 사는 것도 은혜로 됩니다. 이러한 하나님의 은혜가 '은혜 되게 하는 것'이 믿음입니다. 믿음은 하나님의 은총으로 들어가는 문을 여는 열쇠입니다.

"그러므로 우리가 믿음으로 말미암아 의롭다 하심을 얻었은즉 우리 주 예수 그리스도로 말미암아 하나님으로 더불어 화평을 누리자 또한 그로 말미암아 우리가 믿음으로 서 있는 이 은혜에 들어감을 얻었으며 하나님의 영광을 바라고 즐거워하느니라(롬 5:1-2)."

은혜는 결단코 우리 자신에게 근거를 두지 않습니다. 은혜는 오직 하나님께서 누구이시고, 하나님께서 무엇을 하셨는가에 기초를 두고 있습니다. 그것은 그리스도를 통한 십자가의 사랑입니다.

이제 우리 함께 주님 앞에 엎드립시다. 하나님께서 우리에게 놀랍고 영광스러운 은혜의 축복을 보여 주시도록 주님께 간구합시다.

"오 아버지, 은혜의 자리로 나가지 못하도록 나를 붙잡는 사단의 모든 속삭임, 유혹들을 물리치고, 모든 것을 덮고도 남음이 있는 하나님의 은혜를 내 것으로 누리며 그 사랑 안에 거하게 하소서."

1) 위의 글을 읽고 하나님의 은혜가 어느 정도 느껴지시는지요?

2) 은혜의 근거는 무엇입니까?

　　　📖 에베소서 2:8-9

3) 은혜와 믿음의 관계를 설명해 보십시오.

4) 당신의 경우, 은혜를 은혜로 느끼지 못한다면 그 이유는 무엇입니까? 아래의 예를 참고하여 생각해보십시오.

- 죄를 인식하지 못함
- 자기 의 — 스스로 거룩해지고자 함
- 교만 — 자기 힘으로 성공하려고 함
- 자기 학대
- 세속적 문화, 가치관이 주는 열등감
- 부모님께 사랑받지 못함
- 율법주의적 종교
- 기타

2. 하나님의 마음

> "사랑하는 _____ 아! (자신의 이름을 기록해 보세요.)
> 너를 위한 나의 사랑이 얼마나 큰지 생각해 본 적 있니? 언제나 너는 너 자신의 모습 때문에 실망하곤 하지만 나는 영원히 너 때문에 실망하지 않는단다. 너는 네 자신을 너무나 나쁘게 판단하는구나. 네가 내린 평가대로라면 너는 아무 쓸모없는 존재에 불과하다는 거잖니… 그러나 너는 나에게 더없이 소중한 존재란다. 네가 실망과 좌절 가운데 있을 때도 나는 너와 거기에 함께 있었지… 네가 나에게 자신을 맡기며 나의 온유한 사랑을 받아주기를 기다리면서 말이야…"

우리는 종종 하나님께서 진노하심으로 등을 돌리시기 때문에 결국은 용서받을 수 없을 것이라고 느낍니다. 아무리 하나님이라도 더 이상은 인내하실 수 없어 떠나가실 것이라고 생각합니다. 하나님에 대한 이러한 생각은 하나님의 마음이 아니라 우리 자신의 마음입니다. 자신을 향한 비난과 판단을 멈출 수 없는 것이 인생입니다.

그럼에도 불구하고 하나님께서 죄인된 나를 있는 그대로 사랑하시는 것은 사실입니다. 우리의 상태가 어떠함에도 불구하고 이 사실을 있는 그대로 받아들여야 합니다. 상처투성이인 내 중심적 입장에서 하나님을 생각하는 것이 아니라 성경에서 하나님께서 나에게 말씀하고 있는 바를 바라보아야 합니다. 이때 하나님이 어떤 분이신지 알게 되며 그 사랑 안에서 용서를 입은 것이 무엇인지 경험하게 됩니다.

이때 나의 죄를 있는 그대로 고백하게 됩니다. 내가 그동안 잘못 살아왔다고 하나님 앞에 토로하게 됩니다.

"만일 우리가 죄 없다 하면 스스로 속이고 또 진리가 우리 속에 있지 아니할 것이요 만일 우리가 우리 죄를 자백하면 저는 미쁘시고 의로우사 우리 죄를 사하시며 모든 불의에서 우리를 깨끗케 하실 것이요(요일 1:8-9)."

스스로 더 나아지려고 애쓰지 마십시오. 더 열심히 노력해야겠다고 결심하지 마십시오. 그저 당신에게는 하나님의 은혜가 필요하다는 것을 인정하고 하나님의 은혜를 더 많이 바라보며 살아가십시오.

만일 당신이 죄책감을 느낀다면, 만일 당신이 보상하거나 죄값을 치르거나 속죄하기 위해 무언가를 해야 한다고 느낀다면, 그렇게 할 수도 있습니다. 그러나 본질은 그곳에 있지 않습니다. 그것은 단지 감정뿐임을 기억하십시오. 감정(느낌)은 믿음과 아무런 관련이 없습니다. 믿음은 하나님의 말씀을 사실로 믿는 것입니다.

1) 위의 글을 읽고 어떤 생각이 드시는지요?

2) 인간의 상태에 대한 성경의 고발은 무엇입니까?

📖 예레미야 13:23

📖 로마서 3:10

3) 자신의 모습에 스스로 실망하며 좌절 가운데 빠진 경험이 있다면 함께 나눠보세요.

4) 당신의 죄를 하나님이 다 용서하셨습니다. 당신에게 부어주시는 하나님의 은혜가 마음으로 느껴지시는지요? 그것에 대해 감사한 마음이 있다면 표현해 보십시오.

3. 새로운 혼인 관계

우리가 그리스도인이 되기 전에 우리는 율법과 혼인한 상태였습니다. 그러나 우리가 그리스도와 함께 십자가에 죽었을 때, 그 혼인관계는 무효가 되었습니다. 우리는 새로 태어났습니다. 이제 우리에게 새 생명으로 인해 새 남편이 생겼습니다. 그는 '은혜씨' 이신 예수님이십니다. 전 남편 되었던 '율법씨' 는 우리가 아무리 많은 노력과 수고를 해도 결코 만족하지 않고 항상 강요하는 남편이었습니다. 그는 우리에게 완전하기를 요구했습니다. 그는 우리를 사랑하거나 품어주지 않고, 악을 행했을 때 재빨리 지적했습니다. 그러나 '은혜씨' 는 다릅니다. 우리가 실수할 때에도 용서하시고 책망하지 않으시며 끝까지 우리를 수용해주십니다. 정죄하지 않고 내 모습 그대로를 사랑하십니다. 나의 잘못을 보시고 내 삶 속에서 부드럽게 어루만져 나를 성장하게 하며, 결코 나에게 싫증을 내시지 않습니다. 이러한 남편이 은혜로운 남편입니다.

종종 우리의 어리석음은 '은혜씨' 와 살면서도 여전히 그를 '율법씨' 와 똑같은 종류의 남편으로 여기는 것입니다. 그래서 신랑을 두려워하고 그를 화나지 않게 하기 위해 노심초사합니다. 그러므로 신랑과의 관계를 즐길 수 없습니다. 자신을 정죄하며 조그마한 잘못이라도 있으면 낙심하고 몰아붙이며 자신을 학대합니다. 그러나 꼭 기억하십시오. 세대주가 바뀌었습니다. 나는 '율법씨' 의 아내가 아니라 '은혜씨' 의 아내가 되었음을 확인하고 또 확인하십시오.

선한 일과 악한 일을 구별하기 전에 하나님과의 관계를 즐거워하면 자유로움 속에서 자연히 거룩한 삶을 살아가게 됩니다. 그것이 바로 사랑의 법에 따라 사는 삶입니다. 엄청난 율법과 율법주의적 가르침이 있어도 삶의 변화가 일어나지 못했지만 사랑 안에 있으면 스스로 달라집니다. 사실, 사랑의 관계가 죄를 짓는 것을 막아주는 것입니다. 율법을 지키려고 애쓰지 않아도 예수님을 사랑하기 때문에, 예수님의 삶을 살게 되는 것입니다. 하나님을 사랑하기 때문에 그분을 섬기기를 즐거워하고 마음에 우상을 두지 않으며 그 마음으로 하나님의 형상인 이웃을 사랑하게 됩니다. 도적질을 하지 않는 정도가 아니라 오히려 나의 것을 내어주는 삶을 살게 되는 것입니다.

그러면 율법은 필요 없는 것일까요? 율법은 이제 무시해도 되는 것일까요? 그렇지 않습니다. 그리스도인은 율법을, 도덕을, 윤리를 무시하는 자가 아닙니다. 오히려 더 굳게 세우는 자입니다. 그러나 동기가 다릅니다. 그것을 지키지 않으면 징계를 받거나 지키지 않으면 지옥 가기 때문이 아니라 사랑하기 때문에, 감사함으로 순종하는 것입니다.

1) 위의 글을 읽고 어떤 깨달음이 있는지요?

2) 로마서 3:20을 읽고 자신의 말로 다시 한 번 써 보세요.

📖 로마서 3:20

3) 당신은 예수님과 자유로운 관계를 누리고 계신지요?

4. 하나님의 은혜에 대한 나의 반응

최후의 만찬 다락방에서 예수님이 하신 기도를 생각해 봅시다.
"의로우신 아버지여! 세상이 아버지를 알지 못하여도 나는 아버지를 알았삽고 저희도 아버지께서 나를 보내신 줄 알았삽나이다 내가 아버지의 이름을 저희에게 알게 하였고 또 알게 하리니 이는 나를 사랑하신 사랑이 저희 안에 있고 나도 저희 안에 있게 하려 함이니이다(요 17:25-26)"

당신이 그분을 더 잘 알게 될 때, 당신은 그분을 더 사랑하게 될 것입니다. 그러므로 우리가 기도해야 할 것은 그분을 알게 해달라고 하는 것입니다. 만약 당신이 하나님 알기를 갈구한다면, 그분이 스스로 당신에게 자신을 알려 줄 것입니다.

1) 위 글이 말하고자 하는 핵심이 무엇인지 정리해 보세요.

2) 하나님의 은혜가 내 안에 넘치도록 하기 위해서 우리 주님께서 하신 일은 무엇인지 요한복음 17:25-26절 말씀을 가지고 살펴보세요.

📖 요한복음 17:25-26

3) 은혜 입은 자로서 앞으로 어떻게 살아가시겠습니까?

5. 의무에서 기쁨으로

성경은 어둠의 세력에 대항하는 무기입니다. 그러나 성경구절을 암송하는 것만으로는 사단에게 두려움을 주어 도망하게 할 수는 없습니다. 성경을 암송하는 것은 총에 실탄을 장전할 뿐입니다. 오직 사랑만이 방아쇠를 당길 수 있습니다. 사단에게 총을 겨누고 "빵! 빵!" 이라고 소리쳐봤자 그가 물러나지 않는 것이 당연합니다. 죄의 유혹은 언제나 우리 주변을 서성거립니다. 그러나 하나님을 향한 당신의 사랑이, 당신 안에 있는 하나님의 사랑이 강력한 힘이 되어 유혹을 물리칠 수 있습니다. 사랑만이 사람을 변화시킵니다. 사랑만이 승리합니다.

1) 위 글의 핵심이 무엇이라 생각하시는지요?

2) 하나님은 우리를 얼마나 사랑하시는지 말씀을 통해 확인해 봅시다.

　　요한일서 4:7-10

3) '사랑만이 사람을 변화시킨다'는 말에 대해 어떻게 생각하시나요?

6. 본 과를 통해 배우고 느낀 것은 무엇입니까?

3과
예수 그리스도와 나

예수 그리스도와 나

- ### 전체 개요
  예수님을 지식적으로 아는 것에 그치지 않고 실제적이고 인격적으로 알게 하여 예수님과 나의 관계가 살아있는 관계가 되도록 합니다.

- ### 내용 구성

  ❶ 성경에 나타난 예수님
  성경은 예수님이 하나님의 아들 메시아라고 증거하고 있으며 구약성경에 나타난 모든 예언의 성취라고 말합니다.

  ❷ 예수 그리스도는 누구신가
  예수 그리스도는 성육신한 하나님의 아들로서 신성과 인성을 동시에 지닌 분이십니다.

  ❸ 세상에서 가장 귀한 선물
  죽어가는 한 소년이 이 세상에서 가장 귀한 선물은 예수님을 알게 된 것이라고 고백하는 예화를 통해서 예수님의 구속적 사랑에 대하여 다시 한 번 생각하게 합니다.

  ❹ 예수님과 나와의 관계
  하나님께서는 인간의 의지를 존중하시는 인격적인 분이시기 때문에 인간에게 하나님을 선택할 수 있는 은혜를 허락하셨습니다. 단 한 번의 선택으로 우리는 영원한 지옥 형벌을 면하게 되는 축복을 누립니다.

  ❺ 고통 중에 위로하시는 예수님
  인간이 겪는 고통 중에 하나님이 모르시는 것은 하나도 없습니다. 누구에게도 위로받지 못할 것 같은 아픔일지라도 하나님께서는 친히 알고 계시며 당신을 위로하실 것입니다. 고통 중에 만난 위로의 하나님을 나누며 서로 위로하고 기도합니다.

예수 그리스도와 나

우리는 그리스도에 대해 우리가 무엇을 믿는지 확실하게 표현해야 합니다. "나는 그리스도를 믿습니다."라고 말하는 것만으로는 충분하지 않습니다. 요한복음에서는 예수 그리스도를 '하나님의 아들'이라고 말하고 있습니다(요20:31). 그래서 "나는 예수 그리스도를 믿는다."라고 말할 때 신약성경은 더 구체적으로 질문을 합니다.

"예수 그리스도에 대해 무엇을 믿느냐?
예수 그리스도께서는 단지 인간인가? 아니면 하나님이신가?
예수 그리스도께서는 너를 위해서 무슨 일을 하셨는가?
예수 그리스도의 십자가와 죽음은 무엇을 의미하는가?…"

단순히 예수 그리스도만 믿으면 다른 것은 문제될 것이 없다고 생각하는 것은 크게 잘못된 것입니다. 우리는 우리의 영혼과 구원을 소중히 생각하는 만큼 진리에 대하여 분명히 알고 말해야 합니다. 예수님은 "내가 곧 길이요 진리요 생명이니 나로 말미암지 않고는 아버지께로 올 자가 없느니라"(요14:6)고 말씀하십니다. 우리가 예수님을 길과 진리와 생명이라고 믿으면 왜 그런지 우리 안에 있는 소망의 이유를 다른 사람들에게 분명히 말해 줄 수 있어야 합니다.

 서문을 읽고 어떤 생각이 드십니까?

1. 성경에 나타난 예수님

미국의 유명한 수학자 피터 스트너에 의하면 사람에 대한 예언 8가지가 우연히 어떤 사람에게 동시에 들어맞을 확률은 영(zero)이라고 말합니다. 그것을 설명하기 위해 그는 이런 예를 들었습니다. 텍사스 주(한반도의 약 3배) 전체에 동전 5cm를 쌓아놓고 미리 표시해 놓은 것 한 개를 단번에 찾아낼 확률은 당연히 불가능한 일입니다.

그런데 예수님에 관한 예언이 350번 맞았다는 것은 기적 중의 기적입니다. 이런 것을 보면 성경이 분명 하나님의 말씀이며, 예수님이 하나님의 아들 메시아라는 사실은 틀림없음을 알 수 있습니다.

1) 위의 글이 사실이라면 예수님은 분명 하나님이십니다. 믿어지는지요?

2) 구약성경의 모든 예언들과 약속들은 예수 그리스도에게 초점을 집중하고 있습니다. 성경은 예수 그리스도가 구약성경의 모든 예언과 약속의 성취라고 말하고 있습니다. 그것이 어떻게 나타나 있는지 살펴봅시다.

　📖 고린도후서 1:20

3) 성경은 우리가 예수 그리스도에게 초점을 맞추고 예수 그리스도를 깊이 연구하라고 강권합니다. 성경에서는 예수 그리스도를 무엇이라고 말씀하고 있는지 살펴봅시다.

① **예수님은 구약에 예언된 언약에 따라 오신 '언약의 성취자' 입니다.**

📖 미가 5:2

②예수님은 우리를 하나님에게 가까이 갈 수 있게 하고 우리로 하나님을 알게 해 주시는 유일한 분으로 '새 언약의 중보자' 입니다.

📖 요한복음 14:6

③예수님은 모든 힘과 권세를 가지고 계신 분이시며 만물이 그의 손 안에 존재합니다.

📖 마태복음 28:18

📖 에베소서 1:22-23

④예수님은 세상을 심판하시는 분입니다.

📖 요한복음 5:27

2. 예수 그리스도는 누구신가

　웨스트민스터 신앙고백 제 8장에 보면 '예수 그리스도는 누구신가'에 대하여 자세히 나타나 있는데 그 내용을 개략적으로 요약하면 다음과 같습니다.

　　"그의 영원한 목적 안에서, 하나님은 그의 독생자이신 주 예수를 하나님과 인간 사이의 중보자, 선지자, 제사장 및 왕, 그의 교회의 머리와 구원자, 만물의 상속자, 그리고 세계의 심판자로 선택하고 임명하기를 기뻐하셨다. 삼위일체의 제2위이신 하나님의 아들은 성부와 본질이 동일하고 동등한 참되고 영원한 하나님으로서, 그 인격은 참 하나님이며 참 인간이지만, 한 그리스도이며 하나님과 인간 사이의 한 중보자이다. 주 예수는 성령으로 한량없이 거룩하게 되고 기름부음 받아서, 그 안에 지혜와 지식의 모든 보화를 가지고 있으며, 하나님께서 기쁜 마음으로 그 안에 모든 충만이 거하며, 끝까지 거룩하고 악이 없으며 순결하고 은혜와 진리가 충만하여 중보자와 보증인의 직책을 수행하도록 철저히 준비시켰다."

　이러한 내용을 가지고 예수님에 대하여 정리하면 다음의 두 가지로 요약할 수 있을 것입니다.

　첫째, 예수 그리스도는 성육신한 하나님의 아들입니다. 성육신은 삼위에 계신 영원한 제2위께서 시간과 세상으로 들어오셔서 직접 인간의 본성을 취하시고 아기로 태어나셨고 한 인간으로서 생활하셨으며 "죄 있는 육신의 모양으로"(롬 8:3) 나타나셨다고 말합니다. 예수께서는 태어나실 때부터 존재하기 시작한 것이 아닙니다. 육신의 형체를 취하시고 이 세상의 삶 속으로 들어오신 예수님은 영원한 삼위일체 하나님의 성자이셨습니다.

　성육신은 전적으로 하나님의 일이었습니다. 예수님이 성육신하신 것은 우리로 구원받도록, 우리의 죄가 용서받도록 하기 위함이었습니다. 하나님의 성자께서 인간이 되신 것은 인간들이 하나님의 자녀가 되게 하기 위해서였습니다.

　둘째, 예수 그리스도는 신성과 인성을 가지신 분입니다. 우리 주님께서는 참 하나님이시요, 이성적 영혼과 육체를 지니신 참 인간이십니다. 그는 신성에 있어서도 완전하시며 인성에 있어서도 똑같이 완전하십니다. 그는 인성에 있어서 우리와 동일한 본질을 가지고 있습니다. 그는 신성을 따라서는 만세 전에 아버지에게서 나셨으나, 인성을 따라서는 처녀 마리아에게서 탄생되었습니다. 그는 한 분이며 하나님과 동일한 그리스도, 아들, 독생자이십니다. 이것은 서로 혼합되지 않고, 나누이지 않으며, 분리되지 않는 두 본성이 예수님 안에 있는 것입니다. 두 본성의 구별은 결합으로 인해 결코 없어지는 것이 아니고 오히려 각각 그 속성을 보존하고 있으며 두 본성은 한 인격과 한 존재 안에서 일치되며 두 인격으로 분열되지 아니하는 한 분이시며 독생자, 말씀이신 하나님이십니다.

1) 위의 글을 요약해보고 당신의 생각은 어떠한지 나누어 봅시다.

2) 성육신하신 하나님의 아들이 성경에서 어떻게 나타나고 있는지 찾아봅시다.

📖 요한복음 1:14

📖 디모데전서 3:16

3) 예수님의 신성을 말씀을 통해 살펴봅시다.

📖 이사야 7:14

📖 요한복음 1:1-3

📖 마가복음 2:5

4) 예수님의 인성에 관한 성경구절을 읽어보세요.

📖 마태복음 2:1

📖 마태복음 4:2

📖 마태복음 8:24

3. 세상에서 가장 귀한 선물

수년 전 미국에서 라이나 화이트라는 18세 된 소년이 에이즈로 죽어가는 모습을 TV와 신문들이 앞다퉈 보도한 적이 있었습니다. 이 젊은이는 13세 때 혈루병 치료 중 수혈을 받다가 에이즈에 감염됐습니다. 이 소년은 5년 만에 숨을 거뒀고 이때 아버지에게 남긴 말이 미국인을 감동시켰습니다.
"네가 이렇게 빨리 가야 한다니 가슴이 아프구나." 라는 아버지의 말에 아들은 편안한 표정으로 이렇게 말했던 것입니다.
"그 대신 아버지는 제게 소중한 선물을 주셨어요. 아버지는 제게 예수님을 알게 해주셨잖아요. 저는 예수님 때문에 영원한 생명을 얻었어요. 사람은 누구나 죽는 것인데 저는 조금 빨리 가는 것 뿐이에요."
이것이 믿음입니다. 이 세상에서 가장 소중한 선물은 예수님을 만나는 일입니다.

1) 당신도 예수님이 가장 최고의 선물인지요?

2) 성경에서는 영생을 무엇이라고 말씀하고 있습니까?

📖 요한복음 17:3

3) 예수 그리스도가 당신의 생명되십니까?

4. 예수님과 나와의 관계

하나님은 인간에게 단 한 번의 선택을 주셨습니다.
하나님은 인간의 의지를 최대한 존중해 주십니다.
인간은 한 번의 특별한 권리가 있습니다.
그 특별한 권리는 인간에게 한 번은 초월할 수 있는 권리를 주신 것입니다.
인간은 예수님을 믿을 수도 있고 안 믿을 수도 있습니다.
하나님은 당신에게 단 한 번 초월할 수 있는 특권을 주셨습니다.
예수님을 믿는 자는 지옥불의 영원한 형벌을 초월할 수 있습니다.
그러나 예수님을 믿지 않는 자는 지옥을 초월할 수 없습니다.
따라서 인간은 단 한 번 초월할 수 있습니다.
이것이 하나님의 공의입니다.

1) 당신은 주님을 어떻게 대하며, 어떻게 관계하십니까? 당신은 지옥을 초월했다는 확신이 있으신지요?

2) 내 삶의 문제들을 다 아시는 예수 그리스도께 내 삶을 얼마나 의탁하고 있는지 나누어 봅시다.

5. 고통 중에 위로하시는 예수님

어떤 부인이 갓난아이를 잃고 슬픔에 잠겨 있다가 처음으로 교회에 나갔습니다. 예배가 끝난 뒤에 많은 교우들이 그녀에게로 몰려와서 위로의 말을 해 주었습니다. 위로의 말을 옆에서 듣고 있던 다섯 살 난 그녀의 딸이 집에 와서 엄마에게 물었습니다.

"엄마, 무엇인가 잃어버리고 어디 있는지 모르는 것이 있어요?"

"아니, 잃어 버린 것은 아무것도 없단다."

"아가는 예수님한테 가 있지요? 그렇지 않아요?"

"암 그렇고 말고"

"그런데 왜 교인들이 엄마에게 아가를 잃어 버렸다고 위로의 말을 해요? 그 아가가 있는 곳을 잘 알고 있을텐데요."

이 얼마나 순진한 믿음입니까? 부인은 그날 어린 딸의 말을 듣고 큰 위로를 받았으며 또한 믿음에 대한 확신으로 마음의 평안을 누리게 되었습니다.

1) 자신의 고통을 아무도 이해하지 못한다고 느낄 때가 있었습니까? 예수님께서 당신의 고통을 다 알고 계신다는 사실을 얼마나 인식하고 계시는지요?

2) 다음 말씀에서 예수님은 어떤 분이신지 찾아봅시다.

📖 히브리서 4:15

3) 현재 당신의 삶 가운데서 아픔과 고통을 겪고 있는 부분이 있다면 나누어 봅시다.

6. 본 과를 통해서 배우고 느낀 것은 무엇입니까?

4과
십자가와 부활

십자가와 부활

● **전체 개요**

예수님으로 인해 우리의 삶이 하나님과 화해되었으며 부활의 소망을 가지게 되었음을 확신함으로써 기쁨이 넘치도록 합니다.

● **내용 구성**

❶ 십자가에서 죽으심

예수님께서 십자가에서 죽으신 이유가 우리에게 어떤 의미가 있는지 살펴봅니다.

❷ 부활과 나

예수님의 부활이 자신에게 어떻게 수용되고 있는지 확인하고 부활의 삶이 주는 축복을 바라봅니다.

❸ 진홍가슴 새

예수님의 피는 많은 변화를 일으킵니다. 그 피가 내게는 어떤 변화를 일으켰는지 살펴봅니다.

❹ 부활의 소망 - 천국

부활의 소망을 가진 자는 천국에 대한 소망이 있는데 나는 무엇을 소망하며 살고 있는지 점검해 봅니다.

십자가와 부활

일본의 유명한 과학자요, 신앙인이었던 우찌무라 간조에게 어느 날 대학생이 질문했습니다.

"선생님, 저는 성경을 믿고 싶은데, 성경에서 예수가 물 위를 걸어갔다든지 또 죽었다가 살았다든지 그런 거만 빼놓고 믿으면 안됩니까? 왜 비이성적이고 비상식적인 것을 믿도록 강요하십니까?"

그러자 우찌무라 간조는 빙그레 웃으면서 이런 말을 했다고 합니다.

"학생, 창세기 1장 1절을 아나? 성경의 첫 장 첫째 줄을 알고 있나?"

"태초에 하나님이 천지를 창조하시니라 하는 말 아닙니까?"

"맞네. 하나님이 천지를 창조하셨지. 그것이 기적 아닌가? 무에서 유를 창조하셨다네. 그것이 기적이야. 성경은 기적으로 시작된다네. 그리고 성경의 마지막 장 마지막 줄을 아나?"

"아멘, 주 예수여 오시옵소서. 아닙니까?"

"그래, 예수께서는 영광 가운데 구름타고 다시 오신다네. 부활하시고 승천하신 예수님, 그것이 예수의 드라마라네. 그런데 그 드라마는 예수의 생애의 마지막이 아니고 그는 역사 속에 다시 귀환하시고 돌아오신다네. 그리고 만물을 심판하신다네. 그것이 기적이 아닌가? 초자연적인 사건 아니겠는가? 그래서 성경에서 기적을 빼면 성경에서 뭐가 남는 줄 아는가? 양쪽 표지만이 남는다네."

"……"

성경은 기적의 책입니다. 성경은 기적으로 가득 차 있습니다. 초자연적이신 하나님, 전능하신 하나님, 그 하나님의 행적을 중언하고 있는 책입니다. 우리가 이것을 받을 수 있다면 부활의 신앙을 고백할 수 있을 것입니다.

서문을 읽고 어떤 생각이 드십니까?

1. 십자가에서 죽으심

그리스도의 십자가에는 놀라운 능력이 있습니다. 그것은 가장 둔한 양심이라도 깨우며, 가장 완악한 마음도 녹이는 능력이 있습니다. 부정한 자를 깨끗하게 하는 능력, 멀리 있던 자를 화목시키고 하나님과의 교제를 회복시키시는 능력, 갇힌 자를 속박에서 구해 주며, 빈궁한 자를 누추한 곳에서 들어올리는 능력, 인간을 서로 갈라놓는 장벽을 무너뜨리는 능력, 제멋대로인 우리의 성품을 그리스도의 형상으로 바꾸어 놓으며 마침내 하나님의 보좌 앞에 흰옷을 입고 서기에 합당하도록 만드는 능력이 있습니다.

예수님은 죽으러 이 땅에 오셨고, 오신 목적대로 십자가에 달려 돌아가셨습니다. 십자가형은 지금까지 행해졌던 모든 처형 방법 중에서 가장 잔인한 방법일 것입니다. 왜냐하면 이것은 사람이 극도의 고통을 느낄 때까지 죽음을 늦추기 때문입니다. 거기에 달린 사람은 여러 날 동안을 죽지 못하고 고통을 당할 수도 있었습니다.

하나님은 심판을 통해 어떻게 공의와 사랑을 동시에 나타낼 수 있을까요? 그것은 죄인을 위한 거룩한 대속물을 보내셔서 그 대속물이 심판을 받고, 죄인은 용서를 받게 하심으로써만 가능했습니다. 우리 죄인들은 당연히 죄의 영적, 심리적, 사회적인 결과로 인한 고통을 당해야 하지만 하나님의 아들이신 예수님이 우리 대신 받음으로써 믿는 자가 형벌을 면제받은 것입니다.

1) 위의 글을 읽고 어떤 생각이 드는지요?

2) 그리스도께서 십자가에서 돌아가신 상태를 살펴봅시다. 예수님께서 어떤 고난과 조롱을 받으셨는가 자세히 설명해 봅시다.

📖 마가복음 15:16-23

3) 그리스도께서 왜 십자가에서 돌아가셨는지 다음 구절을 읽고 설명해 보세요.

📖 요한일서 4:9

📖 고린도후서 5:21

4) 우리가 어떤 상태에 있을 때 그리스도께서 십자가에 돌아가셨습니까?

📖 로마서 5:8

📖 로마서 5:10

5) 예수님의 생애는 마가복음 10장 45절에 분명히 언급되어 있습니다. 무엇을 위해 살아가셨습니까?

📖 마가복음 10:45

6) 예수님의 십자가가 당신에게는 어떤 의미가 있습니까?

2. 부활과 나

　부활은 확인되고 선언된 정복입니다. 부활은 객관적이고 역사적인 사건입니다. 즉 그것은 '사흘 만에' 일어난 사건입니다. 예수님의 출생은 자연적이었으나 잉태는 초자연적이었습니다. 예수님의 죽음은 자연적이었으나 그의 부활은 초자연적이었습니다.

　예수는 다시 산 자로 그의 제자들에게 나타났습니다. 그가 부활한 것입니다. 부활은 생명이 없는 곳에 생명을 빚은 사건이기 때문에 창조주 하나님만이 하실 수 있는 일입니다. 이 일은 사상 초유의 기적이었습니다. 그러기에 많은 사람들이 믿지 않았습니다. 맨 처음에는 제자들조차 의심했습니다. 그러나 예수님의 부활은 사실이었습니다. 부활하신 예수 그리스도는 하늘나라로 승천하기 전 40일 동안 지상에 머물면서 많은 사람들에게 직접 나타나셨습니다. 그 목격자의 이름들이 고린도전서 15장 5~8절에 기록되어 있습니다.

　뿐만 아니라, 반대자들조차 예수님이 부활했다는 사실을 인정했습니다. 십자가에 못 박은 자들도 인정하고 말았습니다. 대표적인 예로 '빌라도의 보고서'를 들 수 있습니다. 교회 역사가인 유세비우스의 '교회사'를 보면 본디오 빌라도가 예수가 죽은 자들 가운데서 부활한 일과 관련된 자세한 상황을 티베리우스 황제에게 보고했다고 기록되어 있습니다.

　빌라도는 이 보고서에 그가 직접 조사한 예수님의 기적들과 예수님의 부활, 그리고 그 후에 많은 백성들이 예수님을 믿게 된 경위를 기록하고 있습니다. 예수님의 부활은 그 누구도 부인할 수 없는 역사적 사실임을 인정한 것입니다.

　이처럼 예수님의 부활은 너무나도 확실했기에 심지어 그를 배반하던 사람들조차도 변화되어 이제는 오히려 목숨 바쳐 순교하기까지 예수님의 십자가와 부활을 증거하였습니다. 이런 역사적 사실들을 알고 나면 오히려 부활을 안 믿고 부정하는 게 더 어렵습니다.

그런데 안타깝게도 예수님의 부활 이후 과거 2천년 역사 속에 부활을 믿지 않을 뿐 아니라 심지어 부활의 사실을 뒤집어보려는 수많은 시도가 있었습니다.

무덤오인설(무덤을 잘못 알고 부활했다고 전파했다는 주장), 기절설(예수가 완전히 죽지 않고 기절했다가 탈출했다는 주장), 도난설(예수의 제자들이 시체를 훔쳐다 숨겨 놓고 부활을 전파했다는 주장), 환각설(예수를 너무 그리워한 나머지 허깨비를 보았다는 주장), 신화설(예수는 실존 인물이 아니라 신화라는 주장) 등이 그러한 것입니다. 그러나 이 모든 것은 억측일 뿐입니다. 만일 이런 주장들이 옳았다면 기독교는 벌써 문을 닫고 말았을 것입니다.

1) 위 글을 정리해 보고 당신은 부활의 역사적 사실을 있는 그대로 믿고 있는지요?

2) 고린도전서 15장 5-11절을 보고 그리스도의 부활을 목격한 인물들이 누구인지 찾아보십시오.

📖 고린도전서 15:5-11

3. 진홍가슴 새

여성 최초로 노벨문학상을 받은 스웨덴의 라겔르뢰프가 쓴 '진홍 가슴 새' 라는 동화가 있습니다.

옛날 하나님께서 세상 만물과 동식물을 지으실 때였습니다. 저녁 무렵이 되어서 하나님은 깊은 생각에 잠기신 후에 잿빛 털을 가진 조그마한 새 한 마리를 만드셨습니다. 그리고는 그 새 이름을 '진홍가슴 새' 라고 불러주셨습니다. 이 새가 하나님께 물었습니다. "저는 온통 잿빛 털을 가지고 있는데 어찌하여 진홍가슴 새라는 이름을 붙여주셨습니까?" 그러자 하나님께서 말씀하셨습니다. "네가 참사랑을 베풀 수 있을 때, 그 이름에 합당한 깃털을 가지게 될 것이다."

그 후에 오랜 세월이 흘렀습니다. 어느 날 '진홍가슴 새' 의 둥지 근처 언덕에 십자가가 세워졌습니다. 그리고는 어떤 사람이 그 십자가에 매달렸습니다. 멀리서 이 광경을 보던 '진홍가슴 새' 는 그 사람이 얼마나 불쌍하게 보이든지 그 십자가에 달린 사람에게로 날아갔습니다. 가까이 가서 보았더니 그 사람의 이마에 가시관이 씌워져 있는데 그 가시가 박힌 상처에서 검붉은 피가 솟아나고 있었습니다. 이 새는 그 가엾은 사람의 이마로 날아가서 자신의 자그마한 부리로 그 사람의 이마에서 가시를 하나 뽑아냈습니다. 그 때 피 한 방울이 새의 가슴에 떨어졌습니다.

그런데 자기 몸에 묻은 피가 아무리 씻어도 깨끗이 지워지지 않았고 목덜미와 가슴까지 진홍색으로 변해버렸습니다. 더욱 이상한 것은 그 새가 낳은 새끼들마다 모두 목덜미와 가슴에 선명한 진홍빛을 가진 털이 생기게 되었습니다. 그 가슴에 예수 그리스도의 피가 묻은 새, 예수님께서 이 새의 이름을 바꿔주셨습니다. 이 새의 운명을 바꾸어 주셨습니다.

그리스도의 피로 모든 죄가 적셔진 우리도 예수님 때문에 이름이 바뀌어 하나님의 아들이라 불리우는 존재가 되었으며, 지옥 갈 운명에서 천국 갈 운명으로 바뀌었습니다. 죄와 어둠에서 구원해주신 그리스도의 피, 사망에서 생명으로 옮겨주신 보혈의 능력이 우리를 구원하셨습니다. 그래서 모든 사단의 저주가 더 이상 우리를 어둠에 붙잡아 둘 수 없습니다. 세상이 아무리 강해 보여도 보혈의 능력은 세상을 이기고도 남습니다. 그 능력이 우리 가슴에 새겨져 있습니다. 우리의 죽은 심장을 뛰게 합니다. 그 능력을 덧입은 우리는 이제 당당하고 힘 있는 그리스도인으로 살아갈 수 있는 은총을 누리는 것입니다.

1) 위 글을 읽고 어떤 깨달음이 있는지요?

2) 성경은 그리스도께서 재림하실 때, 죽은 자가 부활할 것이라고 말합니다. 당신은 이 부활을 믿으시나요?

📖 다니엘 12:2

📖 사도행전 24:15

3) 우리의 죄를 담당하시고 십자가에 달려 죽으신 그리스도의 피가 당신의 가슴에 새겨져 있나요?

4. 부활의 소망 - 천국

"천국이 왜 좋습니까, 왜 천국에 가려고 하십니까?" 하고 물으면 여러분은 어떻게 대답하시겠습니까? 하늘나라가 좋은 가장 큰 이유는 그곳에 예수 그리스도가 계시기 때문입니다.

3명의 아들을 둔 어느 목사님이 있었습니다. 그런데 그는 불의의 사고로 큰 아들을 잃고 말았습니다. 성탄절 아침, 아직도 슬픔이 채 가시지 않아 모두 말없이 수저만 뜨고 있던 식탁에서 둘째 아들이 불쑥 이렇게 말했습니다.

"형은 하늘나라에 가서 처음 크리스마스를 지내겠지?"

그런데 그 말에 막내 아들이 이렇게 대답하더랍니다.

"바보같은 소리하지 마. 하늘나라에선 매일이 크리스마스야."

어린 아들의 이 말은 목사님의 정신을 번쩍 들게 했습니다. 그 동안 잊고 있었던 것을 기억나게 해줬기 때문입니다. 자신의 큰 아들은 늘 예수님과 함께 있었던 것입니다. 하늘 나라가 좋은 것은 그 곳에 우리 예수님이 계시기 때문입니다.

1) 위 글을 읽고 어떤 생각이 드는지요?

2) 당신이 생각하는 천국은 어떤 모습입니까?

3) 부활 이후의 천국에 대하여 당신은 지금 이 순간 얼마나 소망을 가지며 살고 계신지요?

5. 본 과를 통해서 배우고 느낀 것은 무엇입니까?

5과
성령 하나님과 나

성령 하나님과 나

전체 개요
삼위일체 중 제3위이신 성령 하나님은 누구시며 나와 어떤 관계가 있는지 배우고 그분 안에서 충만한 삶을 누릴 수 있도록 합니다.

내용 구성

❶ 성령님의 첫 임하심
오순절 성령의 첫 임하심의 특징을 살펴볼 때 성령님은 한곳에 모인 무리에게 홀연히 임하셨으며 성령님의 표적과 능력으로 나타나셨습니다. 오늘날도 하나님께서는 우리에게 성령 충만할 것을 명령하시므로 성령 충만한 삶을 살기로 결심해 봅니다.

❷ 성령님의 인격과 신성
성령님은 인격과 신성을 가진 분이십니다. 성령님의 인격과 신성에 대해 살펴보고 성부와 성자와 함께 우리의 창조주 되심을 알며 고백하는 시간을 갖습니다.

❸ 성령님께서 하시는 일
성령님은 우리를 진리 가운데로 인도하시고 거듭나게 하시며 성령 세례를 주십니다. 환난 가운데 위로를 주시고 동거하시며 영원히 함께 하시고 죄와 의에 대해 심판하시며 책망하시는 분이십니다. 또한 삶에서 성령님과 만난 실제 경험을 나누는 시간을 통해 성령님의 은혜와 함께 하심을 확인해 봅니다.

❹ 성령님의 충만
성령님의 충만을 입으려면 먼저 우리 죄를 깨끗이 씻고 고백하는 것이 필요합니다. 회개를 통해 나의 죄를 포기하고 고백하는 시간을 가집니다. 또한 삶의 중심에 내가 아닌 성령님을 모셔들임으로 자기 부인의 삶을 살도록 합니다.

성령 하나님과 나

하루는 어느 성도가 찾아와서 목사님께 이런 말을 했습니다.

"아무리 기도해도, 아무리 노력해도, 저는 주님 앞에 충성스런 생활을 하고 있지 못해서 고민입니다. 이렇게 믿다가는 구원을 얻지 못할 것만 같습니다. 저는 지금 깊은 절망과 제 자신의 믿음에 대한 좌절에 빠져 있습니다."

그때 목사님이 이런 말을 해 주었습니다.

"저희 집에 있는 개는 훈련이 잘 되어 있어서 집안을 더럽히는 일도 없고, 집안에서 오줌 싸는 일도 없습니다. 이 개는 나를 무척 좋아하고 내 말을 잘 듣습니다. 나는 이 개와 함께 있으면 언제나 마음이 기쁩니다.

그런데, 저기 저쪽에 아기가 있지요? 제 아들입니다. 집안을 어질러놓고, 더럽혀 놓는 데는 선수입니다. 어떤 때는 먹던 음식을 던져 버립니다. 새 옷을 입혀주면 금방 더럽힐 때도 있습니다. 참 말썽꾸러기지요. 자, 그런데, 누가 제 재산을 유산으로 상속받을까요? 귀엽기만 한 저 개입니까? 아니지요. 비록 말썽꾸러기지만 제 아들이 상속자입니다.

당신은 하나님의 자녀입니다. 하늘나라를 유산으로 상속받을 자입니다. 당신을 위해 예수 그리스도께서 죽으셨습니다."

우리가 하나님을 실망시키고 성령의 지배를 받지 못하고 세상을 따라간다 하더라도 자신을 포기하거나 실망하지 않아도 되는 이유가 있습니다. 그것은 우리가 하나님의 자녀이기 때문입니다.

우리는 하나님께서 이 세상에 오셨고, 하나님의 충만하심이 그리스도 안에 있었고, 그분께서 우리의 죄와 형벌을 담당하시기 위해 죽으셨다는 것을 알고 있습니다. 뿐만 아니라 예수님 안에서 의롭게 되었다는 것을 알고 있습니다. 이러한 사실을 어떻게 알 수 있게 되었나요? 거룩한 삼위일체의 제3위격이신 성령님께서 내 안에 거하시며, 나를 밝혀 주시고, 깨닫게 하시고, 믿게 하셨기 때문에 알게 된 것입니다.

"너희 몸은 너희가 하나님께로부터 받은바 너희 가운데 계신 성령의 전인 줄을 알지 못하느냐(고전6:19)". 그분은 우리 안에 오셨습니다. 그 결과 여러분과 내가 구원과 구속을 경험하고 높임을 받고, 하나님의 자녀가 되게 하셨습니다.

> 서문을 읽고 어떤 생각이 드십니까? 당신은 성령님을 어떻게 알고 있었는지 이야기해봅시다.

1. 성령님의 첫 임하심

예수님이 십자가에 돌아가시고 난 뒤 그토록 두려움에 떨었던 제자들이 어떻게 초대교회의 부흥을 일으킬 수가 있었을까요? 부활하신 예수님께서 저들을 만나서 "평안이 있으라"며 힘을 주시기도 하셨지만, 그들이 담대하게 복음을 전할 수 있었던 비결은 성령의 임하심으로 가능했습니다. 제자들과 120여명의 성도들이 마가의 다락방에 함께 모여서 말씀을 나누며 기도하였습니다. 이렇게 하기를 열흘이 지나 오순절이 되었는데 갑자기 하늘에서 세찬 바람이 부는 듯한 소리가 나더니, 그들이 앉아 있는 온 집안을 가득 채웠습니다. 그리고 불길이 솟아오를 때 혓바닥처럼 갈라지는 것 같은 모습으로 그들에게 나타나더니, 각 사람 위에 내려앉았습니다. 그래서 그들은 모두 성령으로 충만하여 성령이 이끄시는 대로 각각 방언으로 말하기 시작하였습니다. 이것이 성령이 처음 임하신 모습이었습니다.

성령은 주님의 영이십니다. 또한 말씀의 영이시기도 합니다. 우리가 성령으로 충만하게 될 때 그 어떤 것도 주님과 우리 사이를 분열시킬 수 없습니다. 성령이 충만하게 되면 그 무엇도 우리를 두렵게 하지 못하며 그 어떤 것도 우리를 넘어뜨리지 못합니다. 그래서 우리는 날마다 성령으로 충만하기를 사모하고 기도해야 하는 것입니다.

1) 위 글을 읽고 성령님에 대해 깨달은 것은 무엇인지요?

2) 성령이 처음 임하시던 때의 일을 사도행전 2장 1-4절을 가지고 살펴봅시다.

   📖 사도행전 2:1-4

3) 하나님께서는 성령 충만에 대해서 명령조로 이야기 하고 계십니다. 그러므로 성령 충만은 받아도 되고 안 받아도 되는 문제가 아니라 꼭 받아야 함을 역설하고 있습니다. 말씀을 통해 살펴보십시오.

   📖 에베소서 5:18

2. 성령님의 인격과 신성

성경은 성령이 한 분의 인격임을 가르치고 있습니다. 예수님께서는 성령을 말씀하실 때 결코 '그것'이라고 일컫지 않으셨습니다. 예를 들어 요한복음 14, 15, 16장에서 예수님은 성령을 가리켜 '그'라고 했습니다. 성령은 힘도 아니요, 물건도 아닌 한 분의 인격이시기 때문입니다. 성령은 지성과 감성과 의지를 가지고 있습니다. 그리고 성령님은 우리를 위해 친히 행동하시는 분입니다.

성령님은 하나님 자신입니다. 이것은 성경에 기록된 성령님의 성품들을 보면 쉽게 이해할 수 있는 것으로 예외없이 이러한 성품들은 하나님 자신의 것들입니다. 성령님은 우주 창조에 동참하신 분이며, 성경을 기록할 때 하나님의 사람들에게 영감을 불어 넣어 주셨으며, 예수 그리스도의 인성 형성에 역사하셨으며, 선택받은 자를 중생시키고, 성도가 변화되도록 이끄시는 분으로 곧 하나님이십니다.

성령님은 인격을 가지신 분이요, 하나님이시고 주님의 영이시며 삼위일체 중의 한 위격이십니다.

✎ 성령님의 인격과 신성을 보며 어떤 깨달음이 있는지요?

3. 성령님께서 하시는 일

성령님의 사역 중의 가장 귀한 사역은 무엇보다 성도들을 진리 가운데로 인도하시는 일일 것입니다. 성령님은 우리가 죄인임을 깨닫게 하셔서 우리로 하여금 거듭남의 길로 인도하십니다. 성령님이 아니고는 하나님의 사랑도, 성경의 약속도 다 허상이 되고 맙니다. 오직 성령만이 진리를 진리로 경험케 하십니다. 따라서 성령님은 성도에게 믿음 주셔서 거듭나게 하시고 하나님을 사랑하게 하시고 하나님의 뜻대로 살게 하십니다.

성령님은 우리의 위로자가 되어 주십니다. 성령님의 또 다른 이름인 보혜사는 아들과 아버지의 관계를 아름답게 이어주는 어머니의 역할을 의미하는 '파라클레이토스'에서 유래되었습니다. 우리가 애매하게 당하는 고난이나 이해할 수 없는 고통으로 인하여 눈물 흘리고 있을 때 보혜사 성령께서는 고통당한 자녀를 위로하는 어머니처럼 눈물을 닦아주시고 위로해주십니다. 인생이 광야처럼 삭막하고 힘들 때, 아무도 나를 돌아봐주지 않는다고 생각되는 고독한 순간에도 내 영혼을 안아주시는 위로의 보혜사 성령님의 손길을 잊지 말아야 합니다.

1) 성령님은 어떤 일을 하시는지 정리해 보세요.

2) 다음 말씀을 보며 성령님의 사역을 알아봅시다.

① **진리 가운데로 인도하심**

　　📖 요한복음 16:13

② 거듭나게 하심 / 성령 세례

📖 로마서 8:16

📖 고린도전서 12:13

③ 위로하심

📖 고린도후서 1:4

④ 동거하시며 영원히 함께 하심

📖 요한복음 14:16-17

📖 에스겔 36:26-27

⑤ 책망하심

📖 요한복음 16:8

⑥ 우리를 위해 간구하심

📖 로마서 8:26

⑦ 모든 것을 알고 계심

📖 고린도전서 2:10~11

⑧ 근심하심

📖 에베소서 4:30

2) 나에게 위와 같은 성령의 임하심이 있었던 경험을 이야기해 봅시다.

4. 성령님의 충만

우리는 성령의 능력으로 사는 사람들인데 왜 능력 있는 삶을 살지 못하고, 왜 사랑과 희망이 넘치는 삶을 살지 못하고, 왜 서로 아름다운 삶을 나누며 사랑과 기쁨으로 함께 나누며 섬기는 삶을 살지 못하고 있는 것일까요?

그것은 그리스도인이 사명을 잃어버렸기 때문일 것입니다. 세상에서 복음을 전하고 사랑을 전하며 악한 세력과 선한 싸움을 감당해야하는 그리스도의 군사가 집 안에 숨어서 가족과만 친교하고 안일하게 살아가고 있기 때문일 것입니다.

물고기가 물을 떠나서는 살 수 없듯이 성도는 하나님을 떠나서 살 수 없는 것입니다. 우리는 영적 존재이므로 하나님과의 관계를 견고히 한 채로 세상에서 자기의 맡은 바 역할을 감당해야 할 것입니다. 이를 위해 우리는 성령의 충만을 덧입어야 합니다.

모든 그리스도인은 성령으로 채워져야 합니다. 성령 충만한 삶을 살면, 거듭나 새 사람이 되고, 성령의 권능을 받아 능력있는 삶을 살고, 성령의 열매를 맺어 하나님께 영광 돌리는 삶을 살게 됩니다.

1) 우리가 성령의 충만함을 입으려면 우리 죄를 철저히 회개해야 합니다. 요즈음 대면하는 자신의 죄는 무엇인가요? 고백하는 시간을 가집시다.

2) 죄는 항상 계속되기 때문에 우리가 우리 삶의 중심을 자아에 두는 한 우리 삶은 패배와 실의가 계속 될 것입니다. 내 자아가 나의 삶을 다스립니까? 아니면 성령님이 나의 삶을 다스리도록 성령님께 자신을 지속적으로 의탁하십니까?

5. 본 과를 통해서 배우고 느낀 것은 무엇입니까?

6과
증거 – 복음전도

증거 – 복음전도

전체 개요

믿음의 삶의 마지막은 복음전도입니다. 복음전도는 천사들도 사모하는 고귀한 직분입니다. 이 과를 통해서 우리는 전도를 배우게 되며 그 축복을 누리게 됩니다.

내용 구성

❶ 하나님의 부름

우리가 전도해야 하는 첫째 이유는 하나님의 명령이기 때문입니다. 또한 모든 믿는 자에게는 세상을 향한 책임이 있습니다. 그리스도의 피 값으로 구원받은 우리는 그의 사랑에 대한 감동으로 그분의 말씀을 전합니다.

❷ 전도자의 자격

전도는 예수 그리스도를 구주로 고백한 사람들 모두가 감당해야 할 것이며 그 기반은 성령의 도우심으로 말미암아 말씀에 두어야 함을 알게 합니다.

❸ 복음의 내용

믿는 자가 세상에 증거 해야 할 내용은 예수 그리스도와 그분이 하신 일에 관한 것입니다. 하나님이 살아계신 것과 우리에게 하신 일을 이 세상에 전해야 함을 공부하게 됩니다.

❹ 성공적인 전도

전도는 사람이 하는 일이지만 결과는 하나님께 달려 있습니다. 우리는 전하기만 할 뿐입니다. 이웃을 사랑하는 가장 실천적인 방법으로 전도를 결심하고 실천하도록 합니다.

증거 - 복음전도

굉장히 바쁜 회사 사장님에게 전도를 했더니 그분은 다음과 같이 거절을 하였습니다.

"내가 너무 바빠 죽을 시간도 없는데 어떻게 한가하게 교회를 나가며 신앙을 가질 수 있겠습니까? 다음에 나이가 들고 한가하면 생각해 보겠습니다." 하며 웃었습니다. 그러나 죽음이라는 것은 바쁘다고 피해가는 것이 아닙니다. 그는 복음을 거절하고 2주일이 지난 어느 날 새벽, 심장마비로 세상을 떠났습니다. 그 사건이 제게 얼마나 큰 충격과 아픔을 주었는지…

전도는 종말론적인 것이요, 생명의 문제입니다. 이것보다 더 긴박한 것은 없습니다. 전도는 다른 사람을 그리스도께 인도하는 것이요, 좋은 소식을 전하는 것이요, 하나님의 복음과 사람이 만나게 하며 그것을 받아들일 기회를 제공하는 것입니다.

그리스도인은 누구나 선교사입니다. 우리 주님은 우리 모두에게 지상명령을 주셨습니다. 바울은 우리가 그리스도의 사신이라고 지적함으로 이 점을 강조했습니다. 하나님은 우리를 통해서 세상 사람들에게 당신의 마음을 호소하십니다. 그래서 우리는 영광스럽게도 그리스도의 위치에 서 있는 것입니다.

한 쌍의 부부가 천국 문 앞에 도달하였습니다. 그런데 남편은 주식과 채권 그리고 황금이 든 가방을 들고 있었고, 부인은 보석상자를 들고 있었습니다. 그때 천사가 와서 "웬 쓰레기들을 들고 있는 거냐?"라고 하였습니다. 그들

부부는 깜짝 놀랐습니다.

"네? 쓰레기라뇨. 저희들은 이것을 모으느라고 한평생을 보냈는데요."

천사는 다시 입을 열었습니다.

"그것을 다 버려라. 천국에는 거리마다 황금으로 포장되어있고, 성곽의 기초석마다 보석으로 되어 있다. 우리가 가장 귀하게 여기는 것은 영혼뿐이다."

이 얼마나 통쾌한 말입니까? 당신은 주식이나 채권보다 영혼을 더 귀히 여기고 있습니까? 당신은 황금이나 보석보다 영혼을 더 귀히 여기고 있습니까? 당신은 죄인의 영혼도 귀히 여기고 있습니까? 당신의 마음은 온통 영혼 사랑으로 가득 차 있습니까?

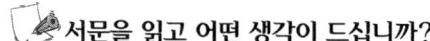 서문을 읽고 어떤 생각이 드십니까?

1. 하나님의 부름

어느 날 김포공항에 인도네시아로부터 돈 벌기 위해서 들어 왔다가 고국으로 돌아가는 사람이 있었습니다. 그가 공항에서 전송 나온 어느 집사님과 작별을 하면서 이런 말을 했습니다.

"집사님, 제가 돈 벌러 한국에 왔다가 예수 그리스도를 만났습니다. 모슬렘인 부모, 형제, 동족들을 전도하기 위해서 저는 돌아갑니다. 복음을 전하다 생명을 바쳐야 하는 자리에 서게 될지도 모르니까 그때 제가 주님을 배신하지 않도록 집사님 꼭 기도해 주세요."

둘이서 포옹을 하고 그는 떠났습니다. 한두 달 후에 전화로 그의 안부를

물었더니 그동안 전도를 열심히 해서 주변에 있는 많은 사람들이 예수를 믿게 되었다고 합니다. 특별히 어느 주간에는 모슬렘을 믿던 자기 가족 6명이 한꺼번에 예수 믿고 돌아오는 큰 기쁨을 맛보았다고 아주 흥분된 소리로 소식을 전하곤 했답니다.

몇 마디의 말로 복음을 소개 받은 후에 예수를 믿게 되는 것은 정말로 신기한 일입니다. 말로는 도저히 이해가 안 되는 이런 일을 기적이라고 밖에 설명할 도리가 없습니다. 따라서 전도로 예수 믿게 하는 일에 동참하는 그 사람은 기적을 일으키는 사람이라고 말할 수 있을 것입니다.

1) 위 글을 읽고 어떤 감동과 깨달음이 있는지요?

2) 우리가 전도해야 하는 이유는 무엇입니까?

　① **예수님의 명령**

　　📖 마태복음 28:18-20

　② **화목의 직분 받음**

📖 고린도후서 5:18-20

③ 타인에 대한 책임

📖 에스겔 33:7-9

④ 사랑의 감동

📖 고린도후서 5:14

3) 당신은 언제부터 그리스도께 다른 사람을 인도할 책임이 생겼습니까?

4) 주님께서 이 땅에 오신 목적은 무엇입니까?

📖 누가복음 19:10

5) 전도란 내가 주님으로부터 받은 것들과 주님에 대한 깨달음을 다른 사람에게 증거하는 것입니다. 전도에 있어서 우리의 책임과 하나님의 책임은 각각 무엇입니까?

📖 마태복음 4:19

2. 전도자의 자격

다음은 김진홍 목사님의 간증입니다.

청계천에서 포장마차를 하는 여성도가 쓰러졌다는 말을 들은 김 목사님은 즉시 그곳으로 뛰어가 그녀를 업고서 을지로에 있는 병원으로 뛰어갔습니다. 그녀는 판자촌에서 고생을 하며 가족의 생계를 위해 제대로 먹지도 못한 상태에서 과로로 인해 쓰러져 혼수상태가 된 것이었습니다.

일단 김 목사님은 병원에 입원시킬 생각이었습니다. 그러나 병원에서는 돈을 먼저 내지 않으면 입원시킬 수가 없다는 것이었습니다. 가난한 천막교회 목사 입장에, 그리고 포장마차로 하루하루 먹고 사는 여인에게 준비된 돈이 있을 리 없었습니다.

애가 탄 김 목사님은 "저는 이 사람이 나가는 교회의 목사입니다. 제가 목사의 생명을 걸고 꼭 돈을 마련해 오겠습니다. 그러니 입원시켜 사람 좀 살려주십시오."라고 애원하였습니다.

그러나 병원 측은 "요즘 목사를 어떻게 믿습니까?" 하면서 아주 냉정하였습니다. 결국 하는 수없이 그 여성도를 업고서 집으로 데려가기로 작정하였습니다. 집으로 돌아오는 도중 그 여인은 김 목사님의 등에서 숨을 거두었고, 김 목사님은 길에 쓰러져 절망 속에 한탄하였습니다. 여인이 죽은 것도 억울하였지만, 성도 하나 살려내지 못한 자신의 무능함이 더 가슴을 찢어지게 하였던 것입니다.

김 목사님은 완전히 지친 상태에서 여성도의 시체를 붙들고 자기는 무능한 목사라고 자책하며, 사회의 몰인정함과 사랑 없음을 비난하면서, 끝내는 하나님에게까지 따지듯이 외쳐대며 하소연하였습니다.

그때 김 목사님에게 주님의 음성이 들려왔습니다.

"사랑하는 아들아, 울지 마라. 너는 죽은 시체 하나를 업고 있지만, 나는 날마다 온 세상의 모든 시체를 걸머지고 있느니라. 나는 그들을 살리기 위해 십자가 위에서 죽었노라."

김 목사님은 주님의 음성 속에서 참 목자의 사명을 발견하였습니다.

"오 주님, 감사합니다. 한 명의 시체가 아니라 죽어가는 영혼들을 위해 기꺼이 나 자신을 드리는 참 목자가 되기를 원합니다. 힘을 주시옵소서."

1) 위 글을 읽고 어떤 생각이 드는지요?

2) 복음을 전해야 하는 사람은 누구입니까?

📖 마태복음 16:15-16

📖 요한복음 15:16

3) 어떻게 효과적으로 복음을 전할 수 있습니까?

   ① 성령의 능력 입음

   📖 사도행전 1:8

   ② 지혜로운 접근

   📖 요한복음 4:6-9

   ③ 하나님의 말씀

📖 히브리서 4:12

④ 주님의 도우심 구함

📖 사도행전 4:29-31

3. 복음의 내용

우리가 증거해야 할 내용은 나 자신의 느낌이나 기분 혹은 생각이 아니고 예수 그리스도와 그분이 하신 일에 관해서입니다. 증인은 자신이 보고 들은 바를 정확하게 전달하는 책임이 있습니다. 따라서 우리는 복음의 내용에 대하여 바르고 정확하게 알아야 하는 것입니다.

1) 하나님이 우리에게 은혜로 베푸신 것은 무엇입니까?

📖 로마서 6:23

📖 에베소서 2:8-9

2) 성경은 사람을 어떻게 평가합니까?

📖 로마서 3:23

3) 하나님의 속성은 무엇입니까?

📖 요한복음 3:16

📖 출애굽기 34:7

4) 그리스도는 어떤 분이십니까?

📖 요한복음 14:6

5) 그리스도께서 하신 일은 무엇입니까?

📖 로마서 5:8

📖 고린도전서 15:3-4

6) 복음을 내 것으로 삼는 열쇠는 무엇입니까?

📖 사도행전 16:31

4. 성공적인 전도

    성공적인 전도는 성령님의 능력 안에서 단순히 그리스도만을 전하고, 그 결과는 하나님께 맡기는 것입니다. 열매를 맺게 하시는 분은 하나님이십니다. 그는 단지 우리가 신실하게 우리의 믿음을 증거하기만을 요구하십니다. 우리는 우리가 하는 모든 일에서 하나님의 사랑의 씨를 뿌려야 하며 사람들을 주님께로 인도해야만 합니다. 우리가 하나님의 인도하심에 열린 마음을 갖고 따르기만 하면 하나님은 우리와 함께, 우리로 말미암아, 우리 안에서 다양한 방법으로 그분의 목적을 이루기 위해서 일하십니다.

바울은 예수 그리스도를 전파하는 기쁨으로 충만한 나머지 어떠한 이유에서건 복음을 들을 수 없는 사람들에 대해 가슴이 찢어지는 것 같았습니다.

"아름답도다. 평화의 복음을 전하며, 좋은 소식을 전하는 이의 발이여."

복음을 전하는 기쁨은 극소수의 택한 백성에게만 국한된 것이 아닙니다. '평화의 복음'은 그리스도인이라면 누구나 전파해야 하며, 하나님께서는 우리에게 그런 기회를 자연스럽게 만들어 주십니다.

또한 그리스도인들이 기꺼이 자신을 드려 '평화의 복음'의 도구가 되려할 때 하나님께서는 말씀의 능력을 허락하십니다.

1) 위 글을 읽고 어떤 생각이 드는지요?

2) 누가 사람을 변화시켜 그리스도께로 돌아오게 할 수 있습니까?

📖 요한복음 6:44

3) 내가 이웃을 가장 사랑하는 방법은 무엇일까요?

📖 누가복음 16:27-28

4) 다음 글을 읽고 당신의 깨달음과 결심을 기록해 보십시오.

오, 하나님!
잃어버린 영혼들을 주옵소서.
오해를 받아 파멸 직전에 있는 영혼들을 주옵소서.
남들에게 무시당하여 상처 입은 영혼들을 주옵소서.
남들에게 시기를 받아 짓밟힌 영혼들을 주옵소서.
권좌의 장로들에게 쫓겨남을 당한 영혼들을 주옵소서.
음란한 지도자에게 칼질을 당한 영혼들을 주옵소서.
간교한 자들의 술수와 모함으로 혼자 죄인된 영혼들을 주옵소서.
무식한 자들의 세력다툼에서 이유없이 희생된 영혼들을 주옵소서.
선한 목자를 잃어버리고 울고 있는 영혼들을 주옵소서.
엉터리 목자 밑에서 영적 손해를 보고 있는 영혼들을 주옵소서.
찬양하기를 원하는 영혼들,
기도에 전념하기를 원하는 영혼들,
말씀에 심취하기를 원하는 영혼들,
강력하게 쓰임받기를 원하는 영혼들,
그들 모두를 주옵소서.

5. 본 과를 통해 배우고 깨달은 점을 이야기해 봅시다. 그리고 결심한 부분을 나누어 봅시다.

 **부록 : 과제물 점검표**

이름 :

○ : 과제물을 빠짐없이 했을 때   △ : 일부분만 했을 때   × : 전혀 하지 못했을 때

날 짜	예 습	Q T	성경 읽기	기 도

저자소개

심 수 명 (Ph.D., D.Min.)

한밀교회를 개척하여 상담목회를 적용하고 있는 저자는 상담 전문가이며 신학과 심리학, 상담과 목회현장을 아우르는 학자이며 목회자입니다. 저자는 치유와 훈련, 목회를 마음에 품고 한 영혼의 전인적인 돌봄, 부부관계 회복, 비전있는 자녀교육, 건강한 교회 세움, 상담전문가 양성 등에 헌신해 왔습니다. 그 노력의 일환으로 제자훈련 시리즈, 목회를 위한 교재, 상담 훈련용 교재들을 출판해 왔습니다.

"기독교상담적 관점에서 본 정신역동상담" 이 문화체육관광부 우수학술도서로 선정되고, [목회와 신학]에서 한국교회 명강사(상담분야)로 선정되는 등 한국교회와 사회에 영향력을 끼쳐 왔습니다.

안양대와 총신대(신학), 고려대(석사, 상담심리)와 미국 풀러신대에서 목회상담학 박사와 국제신대에서 상담학 철학박사 학위를 취득하였습니다.

상담자격은 한국 목회상담협회 감독, 한국 복음주의 기독교상담학회 감독상담사, 한국 기독교 상담 및 심리치료학회 상담전문가, 한국 가족상담협회 수련감독으로 활동 중입니다.

여성부 정책자문위원으로 활동했으며, 오랫동안 국제신대 상담학 교수로 사역했습니다. 현재 칼빈대 상담학 교수, 다세움상담대학원 이사장, (사)한국인격심리치료협회 이사장으로 일하고 있습니다.

〈대표저서〉
상담목회(도서출판 다세움), 인격치료(학지사), 한국적 이마고 부부치료(도서출판 다세움), 그래도 삶은 소중합니다(도서출판 다세움), 정신역동상담(도서출판 다세움)외 다수.

이메일
soomyung2@naver.com
soomyung3@hanmail.net

연락처
한밀교회 (02)2605-7588, www.hanmil.or.kr
(사)한국인격심리치료협회 (02)2601-7422~4

심수명 교수의 저서들

- **교육/상담훈련**
  - 인생을 축제처럼
  - 인격치료』(학지사)
  - 그래도 삶은 소중합니다
  - 상담의 과정과 기술
  - 정신역동상담
  - 감수성 훈련 워크북

- **목회와 설교집**
  - 인격목회
  - 상담목회
  - 상담적 설교의 이론과 실제
  - 감사하면 행복해집니다
  - 사랑하면 행복해집니다

- **비전 시리즈**
  - 비전과 리더십
  - 비전의 사람들
  - 세상을 변화시키는 리더십과 팔로워십

- **소그룹훈련**
  - 의사소통 훈련
  - 인간관계 훈련
  - 거절감 치료
  - 분노치료
  - 행복 바이러스
  - 성령의 능력으로 사는 그리스도인
  - 감수성 훈련 워크북

- **결혼/가정사역**
  - 한국적 이마고 부부치료
  - 부부심리 이해
  - 행복결혼학교
  - 아버지학교
  - 어머니학교
  - 위대한 부모 위대한 자녀

- **제자훈련**
  - 1권. 제자로의 발돋움
  - 2권. 믿음의 기초
  - 3권. 그리스도와의 동행
  - 4권. 인격적인 제자로의 성장
  - 전인성숙을 위한 제자훈련 시리즈 인도자 지침서

- **새신자용교재**
  - 새로운 시작